AF188030

Impressum
Verlag: BABADADA GmbH, Nedderfeld 112 , 22529 Hamburg
Geschäftsführer / Verlagsleitung: Harald Hof
Druck: Books on Demand GmbH, In de Tarpen 42, 22848 Norderstedt

Imprint
Publisher: BABADADA GmbH, Nedderfeld 112 , 22529 Hamburg, Germany
Managing Director / Publishing direction: Harald Hof
Print: Books on Demand GmbH, In de Tarpen 42, 22848 Norderstedt, Germany

Schule
skole

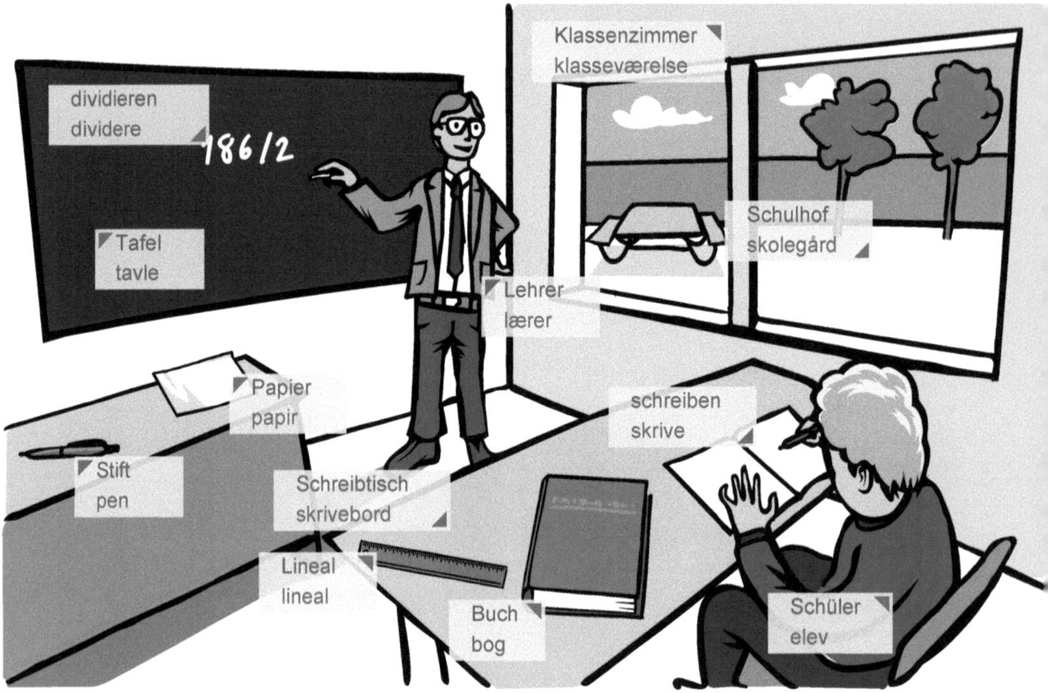
Klassenzimmer
klasseværelse
dividieren
dividere
186/2
Tafel
tavle
Schulhof
skolegård
Lehrer
lærer
Papier
papir
schreiben
skrive
Stift
pen
Schreibtisch
skrivebord
Lineal
lineal
Buch
bog
Schüler
elev

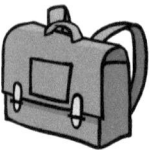

Ranzen

skoletaske

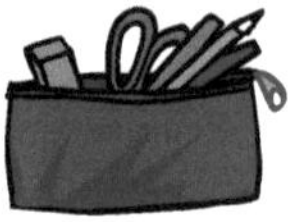

Federmappe

penalhus

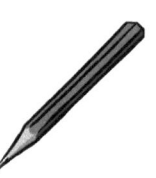

Bleistift

blyant

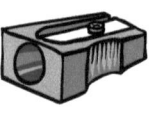

Bleistiftanspitzer

blyantspidser

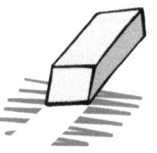

Radiergummi

viskelæder

Zeichenblock

tegneblok

Zeichnung

tegning

Pinsel

pensel

Malkasten

æske med vandfarver

Schere

saks

Klebstoff

lim

Übungsheft

opgavehefte

Hausaufgabe

lektie

12

Zahl

tal

2+2

addieren

addere

5-2

subtrahieren

subtrahere

2×2

multiplizieren

multiplicere

rechnen

regne

A

Buchstabe

bogstav

ABCDEFG
HIJKLMN
OPQRSTU
VWXYZ

Alphabet

alfabet

Wort

ord

Text

tekst

lesen

læse

Kreide

kridt

Stunde

time

Klassenbuch

klasseprotokol

Prüfung

eksamen

Zeugnis

karakterbog

Schuluniform

skoleuniform

Ausbildung

uddannelse

Lexikon

leksikon

Universität

universitet

Mikroskop

mikroskop

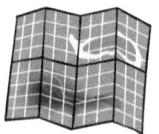

Karte

kort

Papierkorb

papirkurv

Reise
rejse

Hotel
hotel
Grand
Herberge
herberg
ROOMS
Wechselstube
vekselkontor
EXCHANGE
Koffer
kuffert
Auto
bil

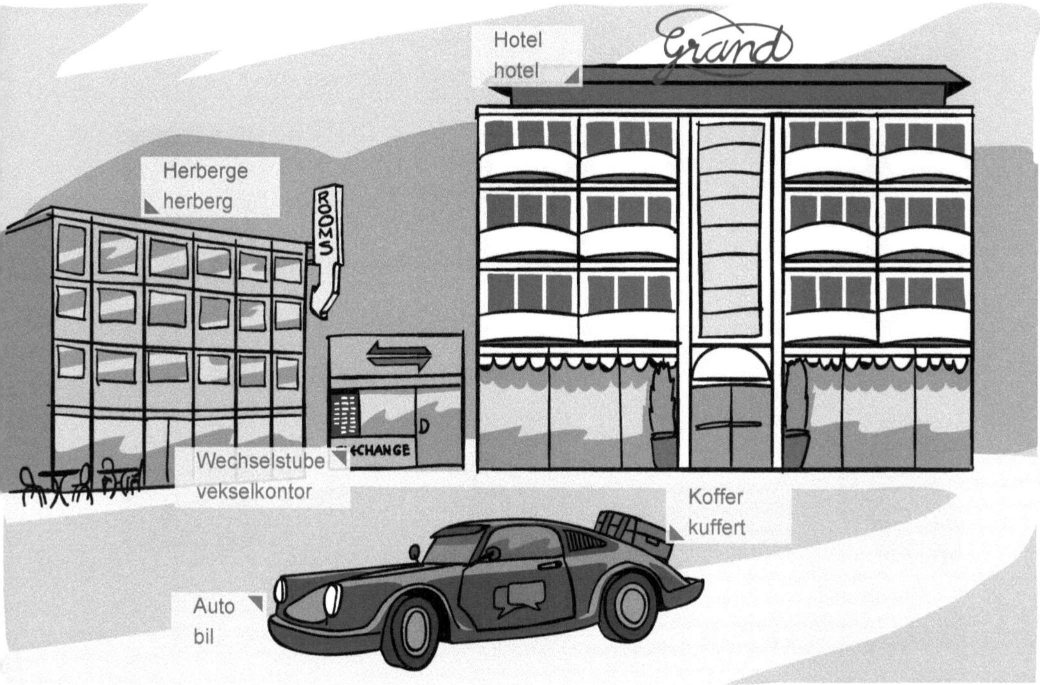

Sprache
sprog

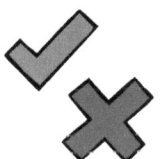

ja / nein
ja / nej

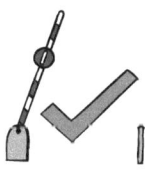

Okay
okay

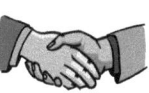

Hallo
hej

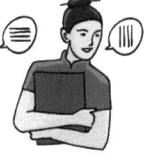

Übersetzer
oversætter

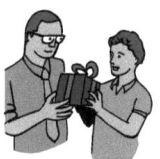

Danke
tak

Was kostet…?

hvad koster…?

Ich verstehe nicht

Jeg forstår ikke

Problem

problem

Guten Abend!

God aften!

Guten Morgen!

God morgen!

Gute Nacht!

God nat!

Auf Wiedersehen

farvel

Richtung

retning

Gepäck

bagage

Tasche

taske

Rucksack

rygsæk

Gast

gæst

Zimmer

værelse

Schlafsack

sovepose

Zelt

telt

Touristeninformation

turistinformation

Strand

strand

Kreditkarte

kreditkort

Frühstück

morgenmad

Mittagessen

middagsmad

Abendessen

aftensmad

Fahrkarte

billet

Fahrstuhl

elevator

Briefmarke

frimærke

Grenze

grænse

Zoll

told

Botschaft

ambassade

Visum

visum

Pass

pas

Transport
transport

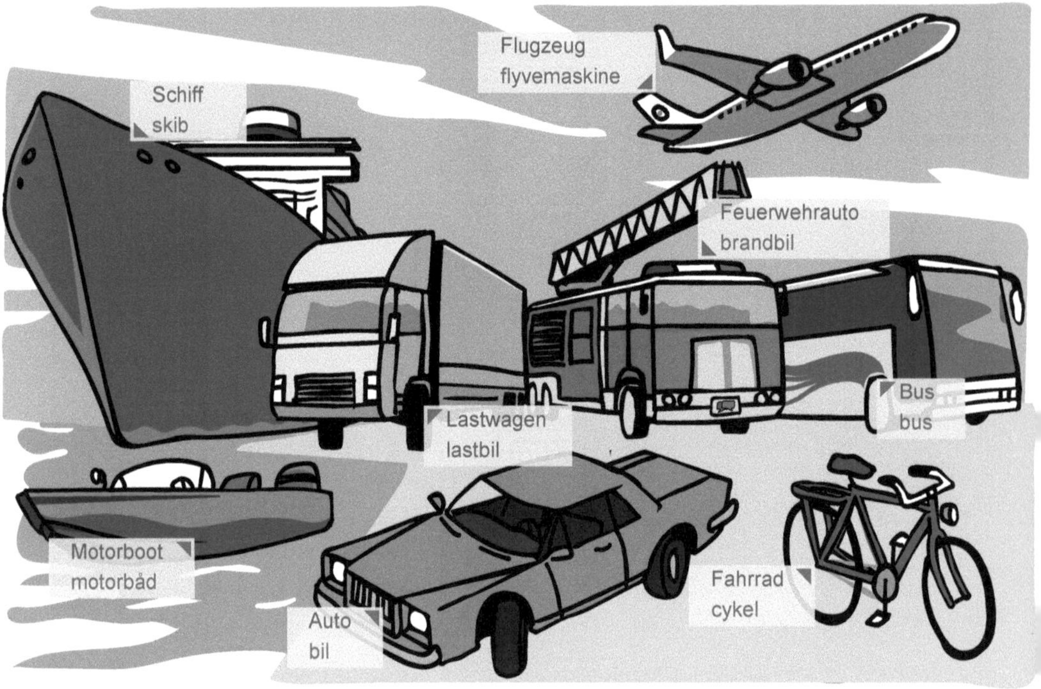
Flugzeug
flyvemaskine
Schiff
skib
Feuerwehrauto
brandbil
Bus
bus
Lastwagen
lastbil
Motorboot
motorbåd
Fahrrad
cykel
Auto
bil

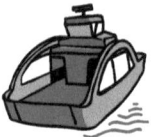

Fähre

færge

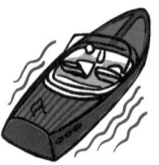

Boot

båd

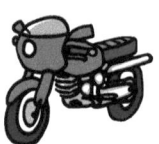

Motorrad

motorcykel

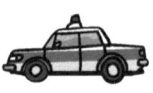

Polizeiauto

politibil

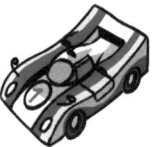

Rennauto

racerbil

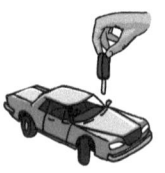

Mietwagen

lejebil

Carsharing

samkørsel

Abschleppwagen

kranbil

Müllauto

skraldebil

Motor

motor

Kraftstoff

benzin

Tankstelle

tankstation

Verkehrsschild

trafikskilt

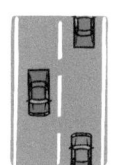

Verkehr

trafik

Stau

trafikprop

Parkplatz

parkeringsplads

Bahnhof

banegård

Schienen

skinner

Zug

tog

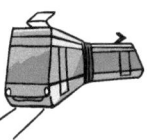

Straßenbahn

sporvogn

Wagon

wagon

Helikopter
helikopter

Flughafen
lufthavn

Tower
tårn

Passagier
passager

Container
container

Karton
karton

Karren
kærre

Korb
kurv

starten / landen
starte / lande

Stadt
by

Dorf
landsby

Stadtzentrum
bymidte

Haus
hus

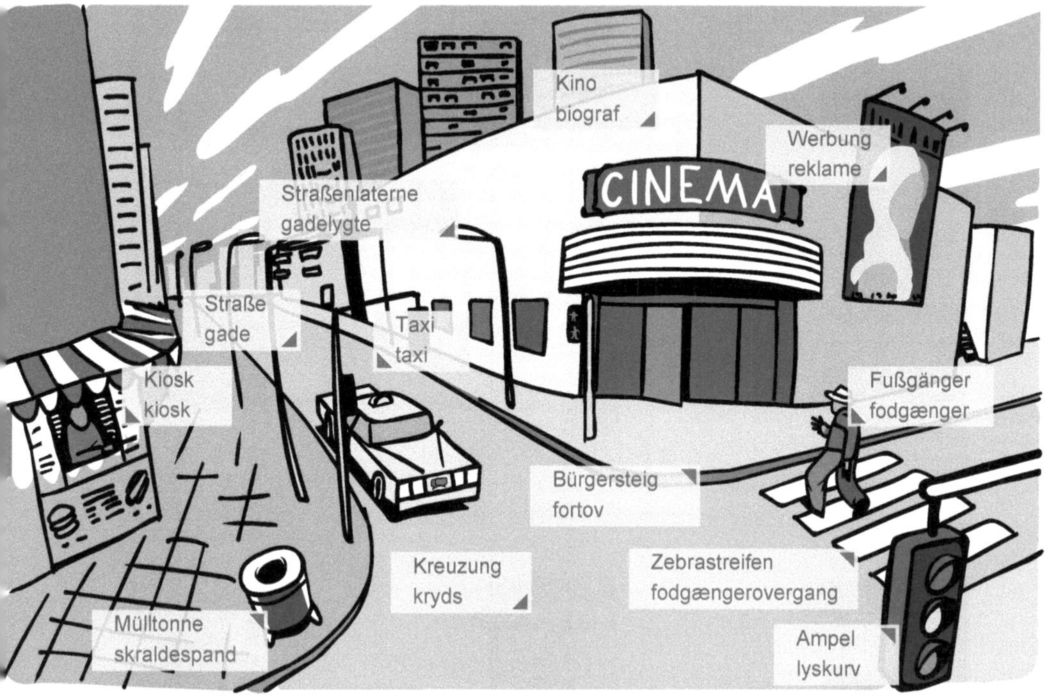
Kino
biograf
Werbung
reklame
CINEMA
Straßenlaterne
gadelygte
Straße
gade
Taxi
taxi
Kiosk
kiosk
Fußgänger
fodgænger
Bürgersteig
fortov
Kreuzung
kryds
Zebrastreifen
fodgængerovergang
Mülltonne
skraldespand
Ampel
lyskurv

Hütte
hytte

Wohnung
lejlighed

Bahnhof
banegård

Rathaus
rådhus

MUSEUM

Museum
museum

Schule
skole

Universität

universitet

Bank

bank

Krankenhaus

sygehus

Hotel

hotel

Apotheke

apotek

Büro

kontor

Buchhandlung

boghandel

Geschäft

butik

Blumenladen

blomsterbutik

Supermarkt

supermarked

Markt

marked

Kaufhaus

stormagasin

Fischhändler

fiskehandler

Einkaufszentrum

butikscenter

Hafen

havn

Park
park

Bank
bænk

Brücke
bro

Treppe
trappe

U-Bahn
undergrundsbane

Tunnel
tunnel

Bushaltestelle
busstoppested

Bar
barnevogn

Restaurant
restaurant

Briefkasten
postkasse

Straßenschild
vejskilt

Parkuhr
parkometer

Zoo
zoo

Badeanstalt
badeanstalt

Moschee
moske

Bauernhof

bondegård

Umweltverschmutzung

miljøforurening

Friedhof

kirkegård

Kirche

kirke

Spielplatz

legeplads

Tempel

tempel

Landschaft
landskab

Blatt / blad

Wegweiser / vejviser

Weg / vej

Wiese / eng

Stein / sten

Baum / træ

Wanderer / vandrer

Fluss / flod

Gras / græs

Blume / blomst

Tal

dal

Berg

bjerg

See

sø

Wald

skov

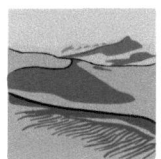

Wüste

ørken

Vulkan

vulkan

Schloss

slot

Regenbogen

regnbue

Pilz

svamp

Palme

palme

Moskito

moskito

Fliege

flue

Ameise

myre

Biene

bi

Spinne

edderkop

Käfer

bille

Frosch

frø

Eichhörnchen

egern

Igel

pindsvin

Hase

hare

Eule

ugle

Vogel

fugl

Schwan

svane

Wildschwein

vildsvin

Hirsch

hjort

Elch

elg

Staudamm

dæmning

Windrad

vindmølle

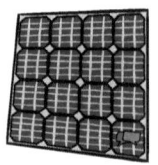

Solarmodul

solcellemodul

Klima

klima

Restaurant
restaurant

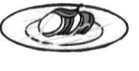

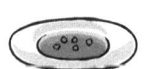

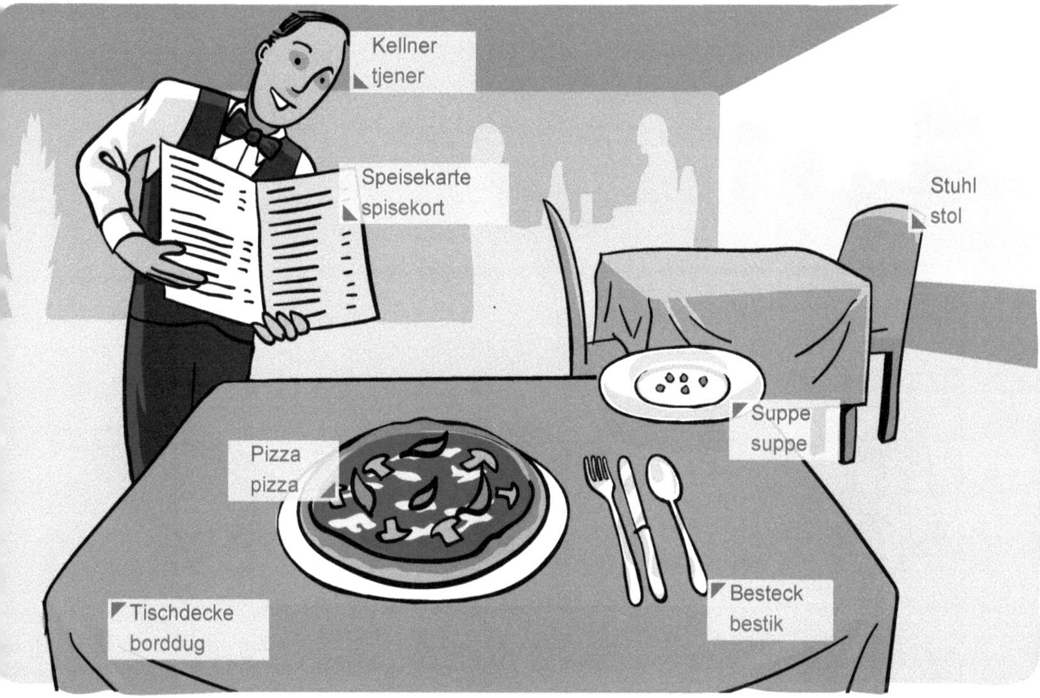

Kellner
tjener
Speisekarte
spisekort
Stuhl
stol
Suppe
suppe
Pizza
pizza
Besteck
bestik
Tischdecke
borddug

Vorspeise

forret

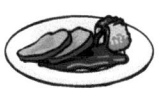

Hauptgericht

hovedret

Nachspeise

dessert

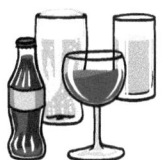

Getränke

drikkevarer

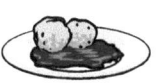

Essen

mad

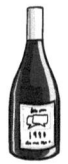

Flasche

flaske

Fastfood

fastfood

Streetfood

streetfood

Teekanne

tekande

Zuckerdose

sukkerdåse

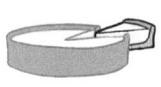

Portion

portion

Espressomaschine

espressomaskine

Hochstuhl

barnestol

Rechnung

faktura

Tablett

tablet

Messer

kniv

Gabel

gaffel

Löffel

ske

Teelöffel

teske

Serviette

serviet

Glas

glas

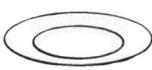

Teller

tallerken

Suppenteller

dyb tallerken

Untertasse

underkop

Sauce

sovs

Salzstreuer

saltbøsse

Pfeffermühle

peberkværn

Essig

eddike

Öl

olie

Gewürze

krydderier

Ketchup

ketchup

Senf

sennep

Mayonnaise

mayonnaise

Supermarkt
supermarked

Angebot
tilbud
FOR
Kunde
kunde
Milchprodukte
mælkeprodukter
Obst
frugt
Einkaufswagen
indkøbsvogn

BUTCHERS

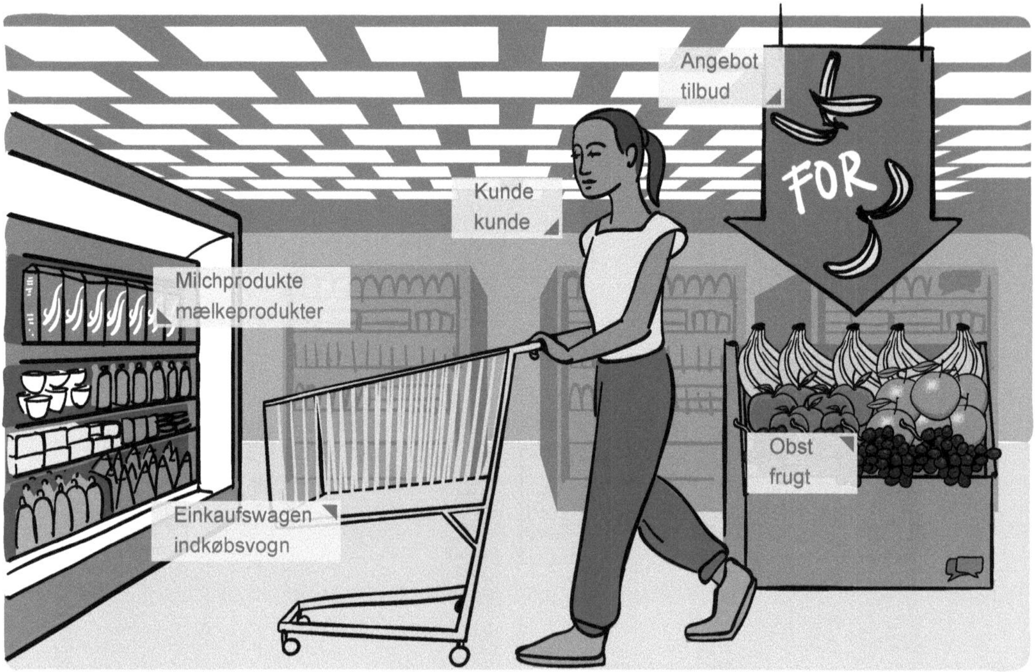

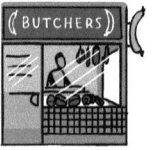

Schlachterei

slagter

BAKERY

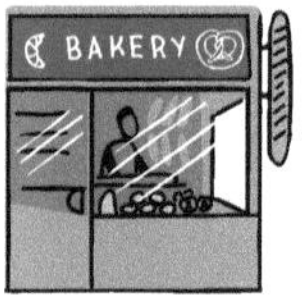

Bäckerei

bageri

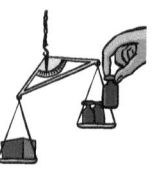

wiegen

veje

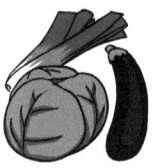

Gemüse

grøntsager

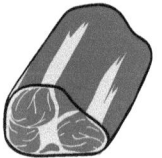

Fleisch

kød

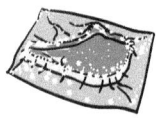

Tiefkühlkost

frostvarer

Aufschnitt

pålæg

Konserven

konserves

Waschmittel

vaskemiddel

Süßigkeiten

slik

Haushaltsartikel

husholdningsvarer

Reinigungsmittel

rengøringsmidler

Verkäuferin

ekspedient

Kasse

kasse

Kassierer

kasserer

Einkaufsliste

indkøbsliste

Öffnungszeiten

åbningstider

Brieftasche

tegnebog

Kreditkarte

kreditkort

Tasche

taske

Plastiktüte

plasticpose

Wasser

vand

Saft

saft

Milch

mælk

Cola

cola

Wein

vin

Bier

øl

Alkohol

alkohol

Kakao

kakao

Tee

te

Kaffee

kaffe

Espresso

espresso

Cappuccino

cappuccino

Banane

banan

Apfel

æble

Orange

appelsin

Melone

melon

Zitrone

citron

Karotte

gulerod

Knoblauch

hvidløg

Bambus

bambus

Zwiebel

løg

Pilz

svamp

Nüsse

nødder

Nudeln

nudler

Spaghetti

spaghetti

Reis

ris

Salat

salat

Pommes frites

pomfritter

Bratkartoffeln

stegte kartofler

Pizza

pizza

Hamburger

hamburger

Sandwich

sandwich

Schnitzel

schnitzel

Schinken

skinke

Salami

salami

Wurst

pølse

Huhn

kylling

Braten

steg

Fisch

fisk

Haferflocken	Müsli	Cornflakes
havregryn	mysli	cornflakes

Mehl	Croissant	Brötchen
mel	croissant	rundstykke

Brot	Toast	Kekse
brød	toast	kiks

Butter	Quark	Kuchen
smør	kvark	kage

Ei	Spiegelei	Käse
æg	spejlæg	ost

Eiscreme

is

Zucker

sukker

Honig

honning

Marmelade

marmelade

Nougat-Creme

nougat-creme

Curry

karry

Bauernhof
bondegård

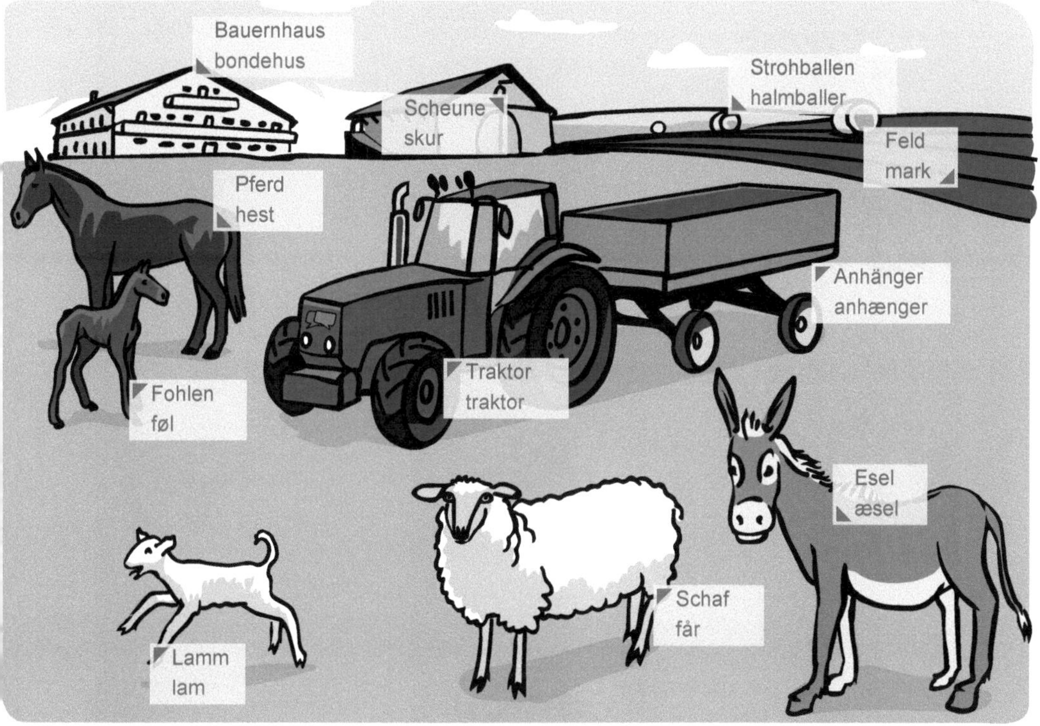
Bauernhaus
bondehus
Scheune
skur
Strohballen
halmballer
Feld
mark
Pferd
hest
Anhänger
anhænger
Traktor
traktor
Fohlen
føl
Esel
æsel
Schaf
får
Lamm
lam

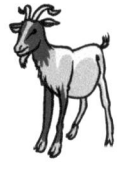

Ziege

ged

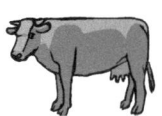

Kuh

ko

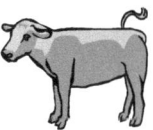

Kalb

kalv

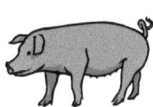

Schwein

svin

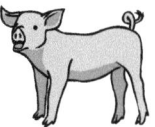

Ferkel

gris

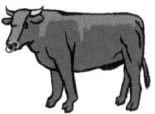

Bulle

tyr

Gans

gås

Ente

and

Küken

kylling

Huhn

høne

Hahn

hane

Ratte

rotte

Katze

kat

Maus

mus

Ochse

okse

Hund

hund

Hundehütte

hundehus

Gartenschlauch

haveslange

Gießkanne

vandkande

Sense

le

Pflug

plov

Sichel

segl

Hacke

hakkejern

Mistgabel

møggreb

Axt

økse

Schubkarre

trillebør

Trog

trug

Milchkanne

mælkekande

Sack

sæk

Zaun

hæk

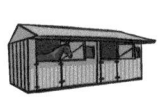

Stall

stald

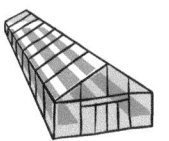

Treibhaus

drivhus

Boden

jord

Saat

frø

Dünger

gødning

Mähdrescher

mejetærsker

ernten

høste

Ernte

høst

Yamswurzel

yams

Weizen

hvede

Soja

soja

Kartoffel

kartoffel

Mais

majs

Raps

raps

Obstbaum

frugttræ

Maniok

maniok

Getreide

korn

Haus
hus

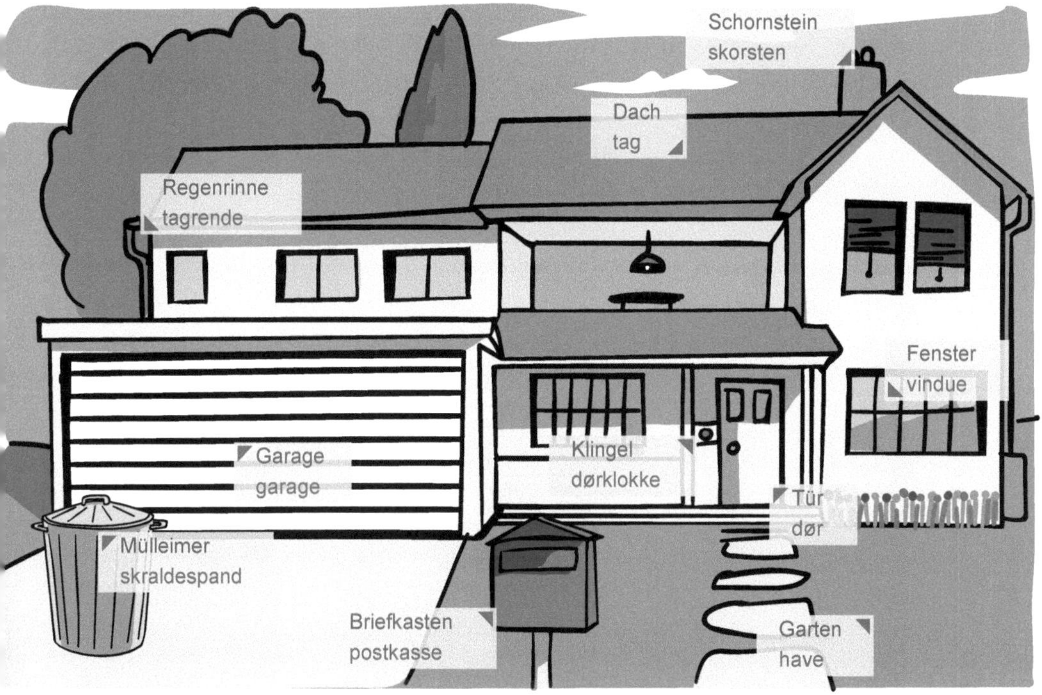
Schornstein
skorsten
Dach
tag
Regenrinne
tagrende
Fenster
vindue
Klingel
dørklokke
Garage
garage
Tür
dør
Mülleimer
skraldespand
Briefkasten
postkasse
Garten
have

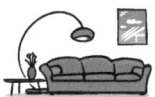

Wohnzimmer

stue

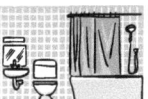

Badezimmer

badeværelse

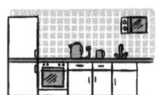

Küche

køkken

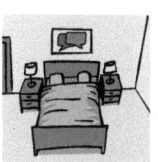

Schlafzimmer

soveværelse

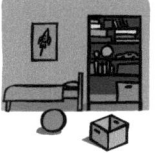

Kinderzimmer

børneværelse

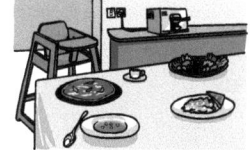

Esszimmer

spisestue

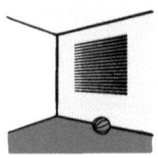

Boden
gulv

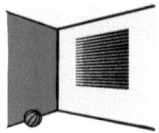

Wand
væg

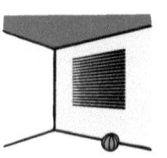

Decke
loft

Keller
kælder

Sauna
sauna

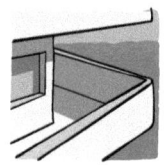

Balkon
altan

Terrasse
terrasse

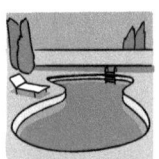

Schwimmbad
svømmehal

Rasenmäher
plæneklipper

Bettbezug
dynebetræk

Bettdecke
dyne

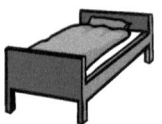

Bett
seng

Besen
kost

Eimer
spand

Schalter
kontakt

Wohnzimmer
stue

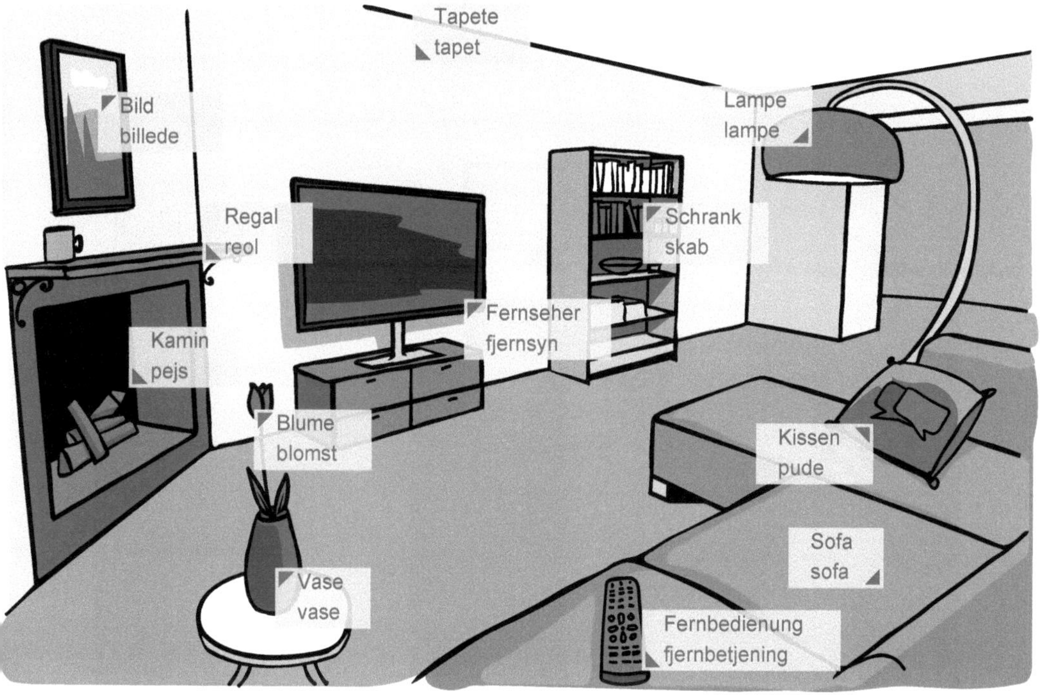
Tapete
tapet
Bild
billede
Lampe
lampe
Regal
reol
Schrank
skab
Fernseher
fjernsyn
Kamin
pejs
Blume
blomst
Kissen
pude
Sofa
sofa
Vase
vase
Fernbedienung
fjernbetjening

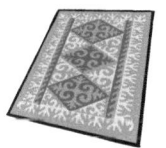

Teppich

gulvtæppe

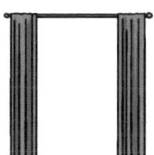

Vorhang

gardin

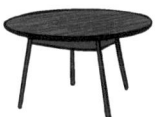

Tisch

bord

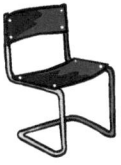

Stuhl

stol

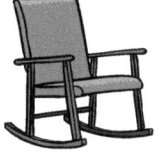

Schaukelstuhl

gyngestol

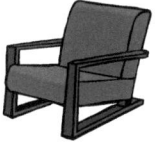

Sessel

lænestol

Buch

bog

Decke

tæppe

Dekoration

dekoration

Feuerholz

brænde

Film

film

Stereoanlage

stereoanlæg

Schlüssel

nøgle

Zeitung

avis

Gemälde

maleri

Poster

plakat

Radio

radio

Notizblock

notesblok

Staubsauger

støvsuger

Kaktus

kaktus

Kerze

lys

Küche
køkken

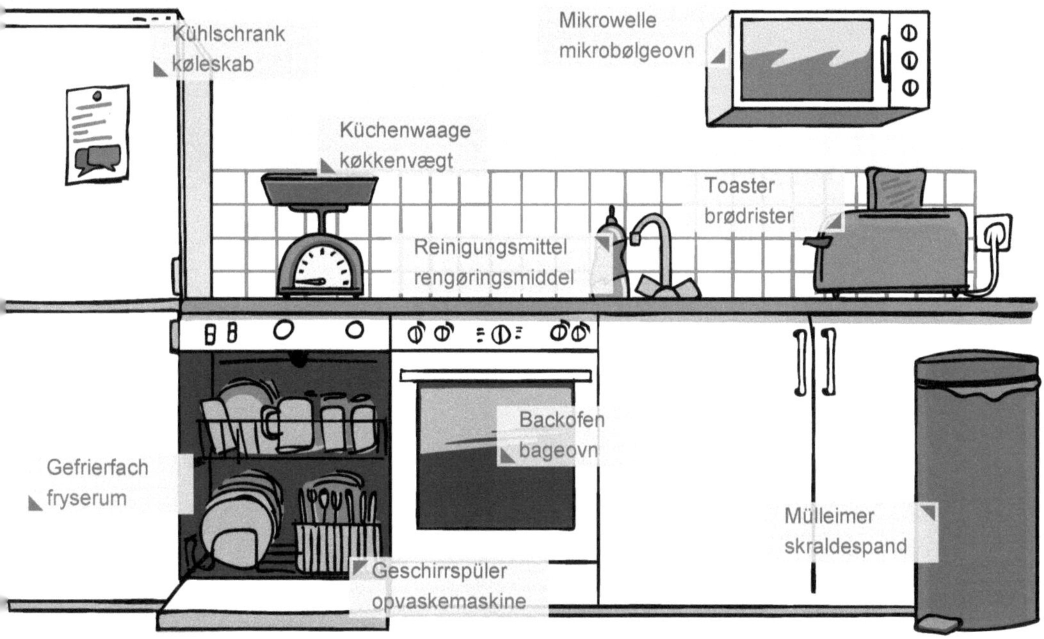
Kühlschrank
køleskab
Mikrowelle
mikrobølgeovn
Küchenwaage
køkkenvægt
Toaster
brødrister
Reinigungsmittel
rengøringsmiddel
Backofen
bageovn
Gefrierfach
fryserum
Mülleimer
skraldespand
Geschirrspüler
opvaskemaskine

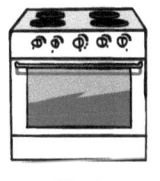

Herd
komfur

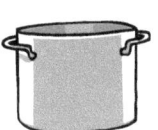

Topf
gryde

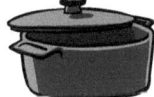

Eisentopf
jerngryde

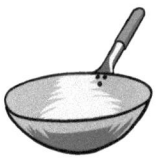

Wok / Kadai
wok / kadai

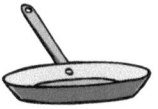

Pfanne
pande

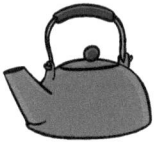

Wasserkocher
elkedel

Dampfgarer

dampkoger

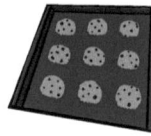

Backblech

bageplade

Geschirr

service

Becher

bæger

Schale

skål

Essstäbchen

spisepinde

Suppenkelle

øseske

Pfannenwender

paletkniv

Schneebesen

piskeris

Kochsieb

dørslag

Sieb

si

Reibe

rive

Mörser

morter

Grill

grille

Feuerstelle

ildsted

Schneidebrett

skærebræt

Nudelholz

kagerulle

Korkenzieher

proptrækker

Dose

dåse

Dosenöffner

dåseåbner

Topflappen

grydelap

Waschbecken

køkkenvask

Bürste

børste

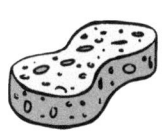

Schwamm

svamp

Mixer

blender

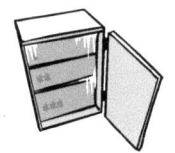

Gefriertruhe

dybfryser

Babyflasche

sutteflaske

Wasserhahn

vandhane

Küche - køkken

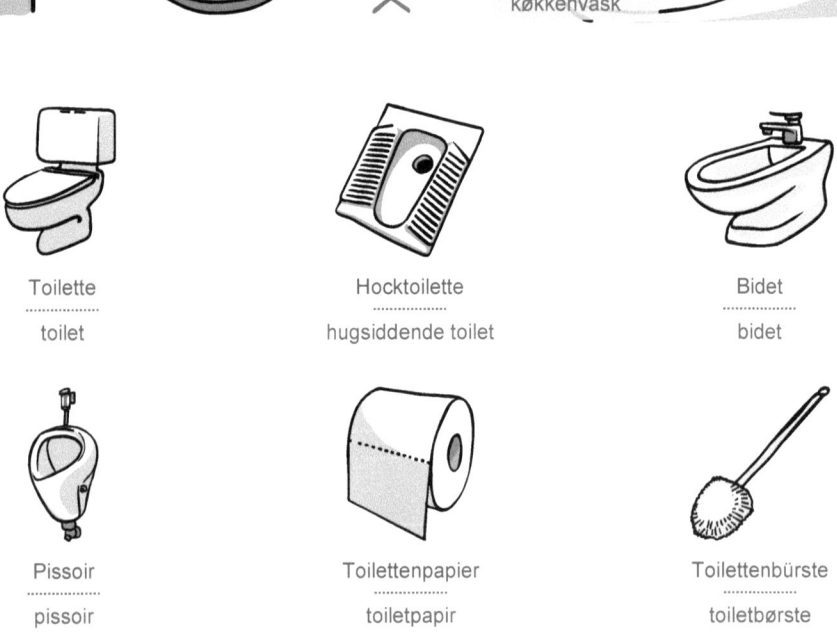

Badezimmer
badeværelse

Heizung
radiator
Handtuch
håndklæde
Dusche
brusebad
Duschvorhang
bruserforhæng
Schaumbad
skumbad
Badewanne
badekar
Glas
glas
Waschmaschine
vaskemaskine
Wasserhahn
vandhane
Fliesen
fliser
Töpfchen
tissepotte
Waschbecken
køkkenvask

Toilette

toilet

Hocktoilette

hugsiddende toilet

Bidet

bidet

Pissoir

pissoir

Toilettenpapier

toiletpapir

Toilettenbürste

toiletbørste

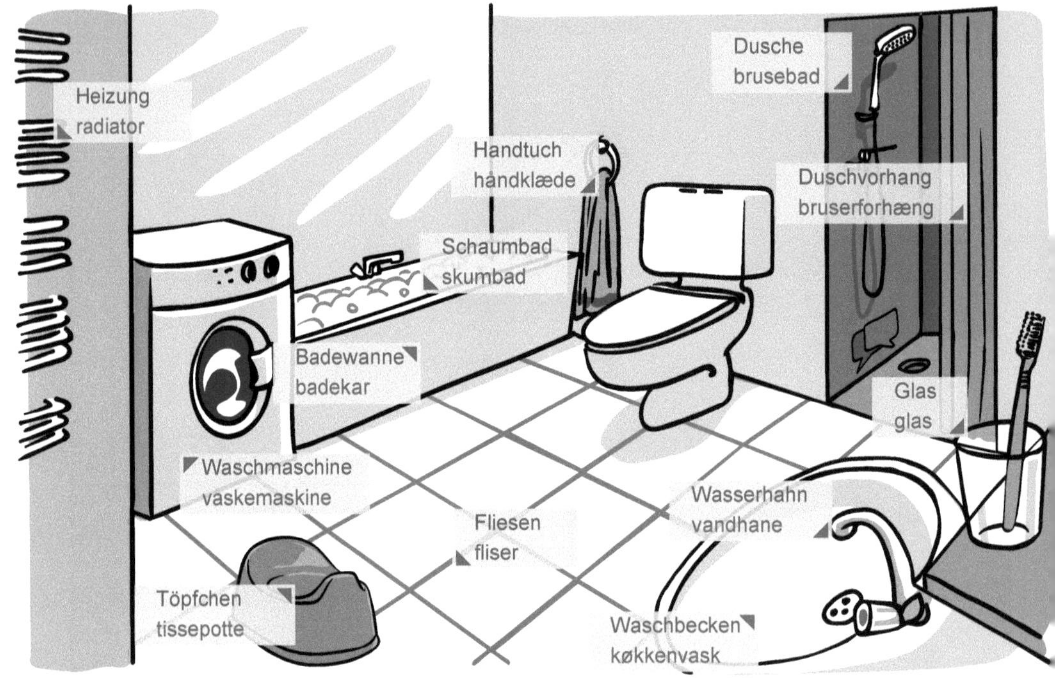

Zahnbürste

tandbørste

Zahnpasta

tandpasta

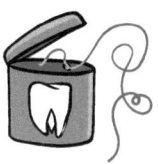

Zahnseide

tandtråd

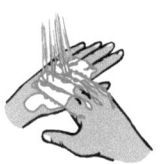

waschen

vaske

Handbrause

håndbruser

Intimdusche

intimbruser

Waschschüssel

vaskefad

Rückenbürste

badebørste

Seife

sæbe

Duschgel

brusegele

Shampoo

shampoo

Waschlappen

vaskeklud

Abfluss

afløb

Creme

creme

Deodorant

deodorant

Spiegel

spejl

Kosmetikspiegel

kosmetikspejl

Rasierer

barberhøvl

Rasierschaum

barberskum

Rasierwasser

barbervand

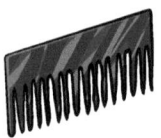

Kamm

kam

Bürste

børste

Föhn

hårtørrer

Haarspray

hårspray

Makeup

makeup

Lippenstift

læbestift

Nagellack

neglelak

Watte

vat

Nagelschere

neglesaks

Parfum

parfume

Kulturbeutel

toilettaske

Hocker

skammel

Waage

vægt

Bademantel

badekåbe

Gummihandschuhe

gummihandsker

Tampon

tampon

Damenbinde

damebind

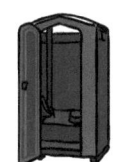

Chemietoilette

kemisk toilet

Kinderzimmer
børneværelse

Wecker
vækkeur
Kuscheltier
bamse
Spielzeugauto
legetøjsbil
Rassel
skralde
Puppenhaus
dukkehus
Geschenk
gave

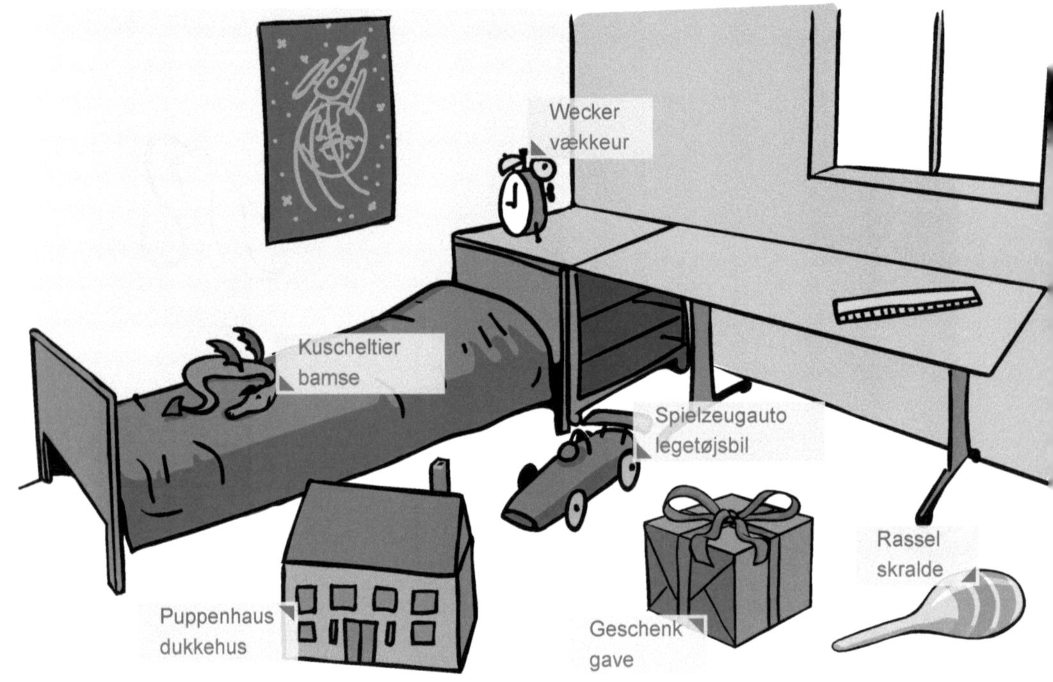

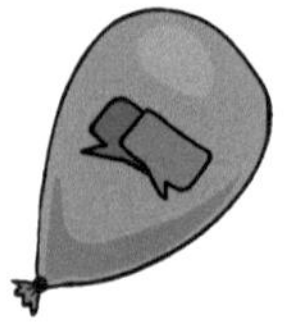

Ballon

ballon

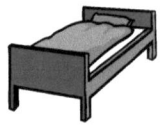

Bett

seng

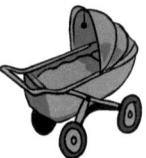

Kinderwagen

barnevogn

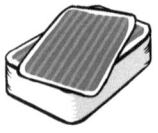

Kartenspiel

kortspil

Puzzle

puslespil

SUPER
MEGA

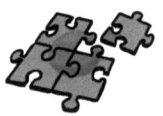

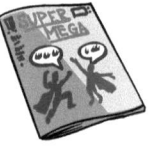

Comic

tegneserie

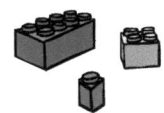

Legosteine

legoklodser

Bausteine

byggeklodser

Action Figur

action figur

Strampelanzug

sparkedragt

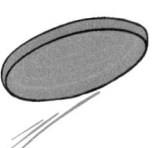

Frisbee

frisbee

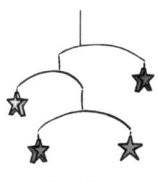

Mobile

uro

Brettspiel

brætspil

Würfel

terning

Modelleisenbahn

modeljernbane

Schnuller

sut

Party

fest

Bilderbuch

billedbog

Ball

bold

Puppe

dukke

spielen

lege

Sandkasten

sandkasse

Schaukel

gynge

Spielzeug

legetøj

Spielkonsole

spillekonsol

Dreirad

trehjulet cykel

Teddy

bamse

Kleiderschrank

klædeskab

Kleidung

tøj

Socken

sokker

Strümpfe

strømper

Strumpfhose

strømpebukser

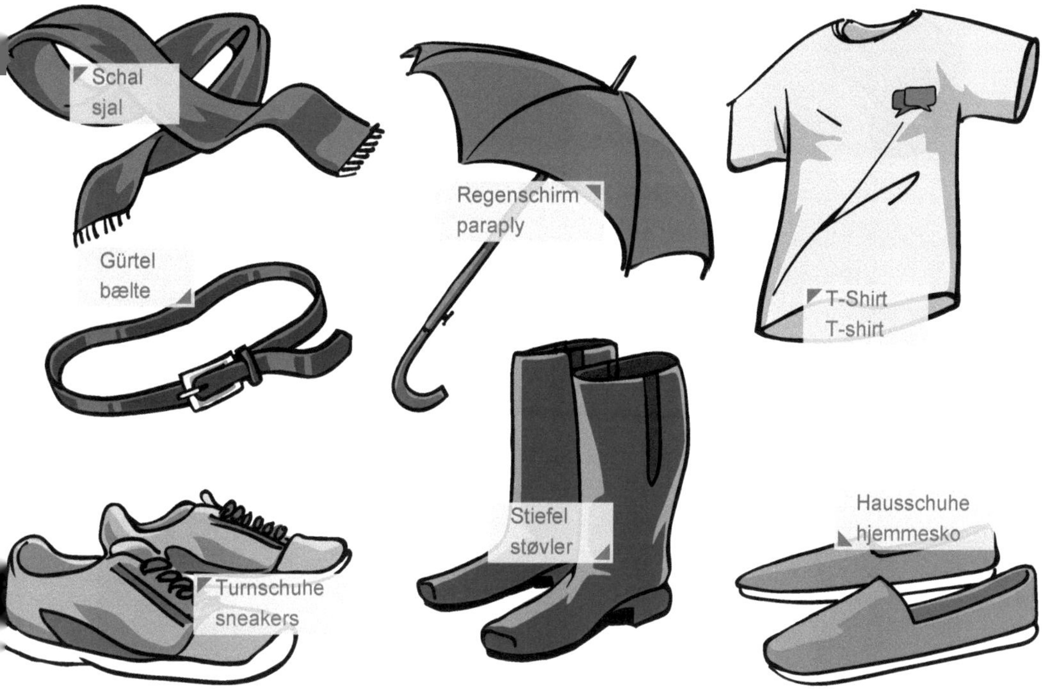

Schal
sjal

Gürtel
bælte

Regenschirm
paraply

T-Shirt
T-shirt

Stiefel
støvler

Hausschuhe
hjemmesko

Turnschuhe
sneakers

Sandalen
....
sandaler

Schuhe
....
sko

Gummistiefel
....
gummistøvler

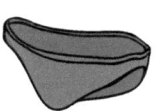

Unterhose
....
underbukser

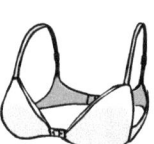

Büstenhalter
....
BH

Unterhemd
....
undertrøje

Body

body

Hose

bukser

Jeans

jeans

Rock

nederdel

Bluse

bluse

Hemd

skjorte

Pullover

pullover

Kapuzenpullover

sweatshirt

Blazer

blazer

Jacke

jakke

Mantel

frakke

Regenmantel

regnfrakke

Kostüm

kostume

Kleid

kjole

Hochzeitskleid

brudekjole

Anzug

jakkesæt

Nachthemd

nattrøje

Schlafanzug

pyjamas

Sari

sari

Kopftuch

hovedtørklæde

Turban

turban

Burka

burka

Kaftan

kaftan

Abaya

abaya

Badeanzug

badedragt

Badehose

badebukser

Kurze Hose

korte bukser

Trainingsanzug

træningsdragt

Schürze

forklæde

Handschuhe

handsker

Knopf

knap

Brille

briller

Armband

armbånd

Halskette

kæde

Ring

ring

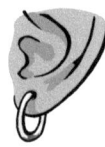

Ohrring

ørering

Mütze

hue

Kleiderbügel

bøjle

Hut

hat

Krawatte

slips

Reißverschluss

lynlås

Helm

hjelm

Hosenträger

seler

Schuluniform

skoleuniform

Uniform

uniform

Lätzchen

hagesmæk

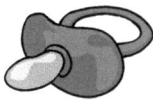

Schnuller

sut

Windel

ble

Büro

kontor

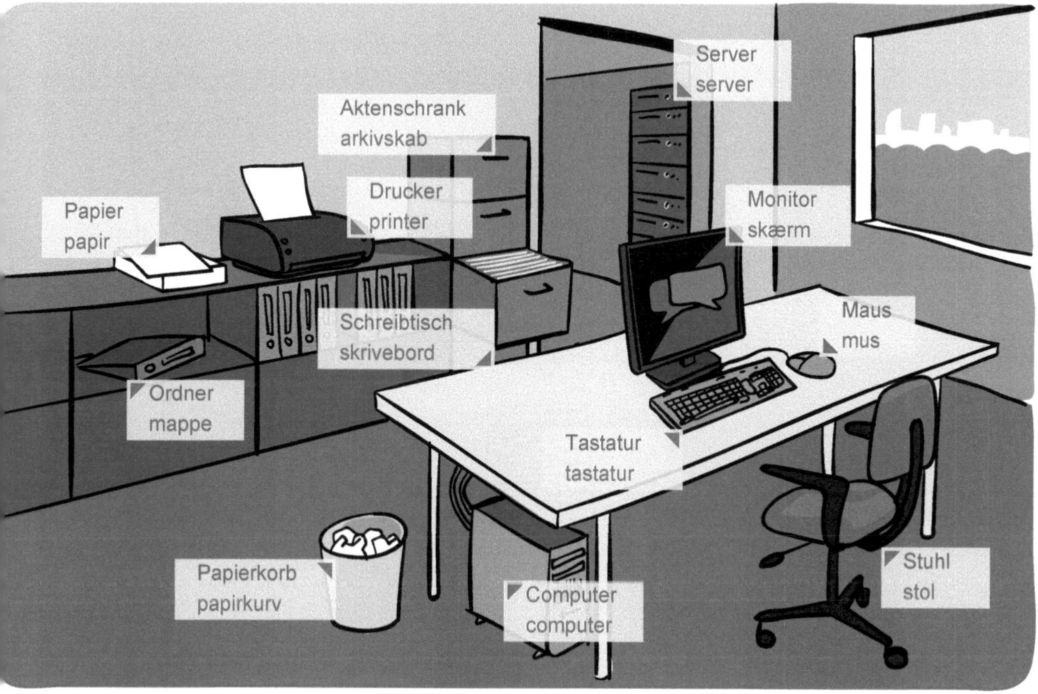

Server
server

Aktenschrank
arkivskab

Drucker
printer

Papier
papir

Monitor
skærm

Schreibtisch
skrivebord

Maus
mus

Ordner
mappe

Tastatur
tastatur

Papierkorb
papirkurv

Stuhl
stol

Computer
computer

Kaffeebecher

kaffekrus

Taschenrechner

lommeregner

Internet

internet

Laptop

bærbar

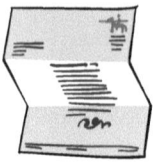

Brief

brev

Nachricht

besked

Handy

mobil

Netzwerk

netværk

Kopierer

kopimaskine

Software

software

Telefon

telefon

Steckdose

stikdåse

Fax

fax

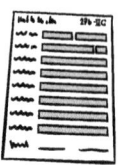

Formular

formular

Dokument

dokument

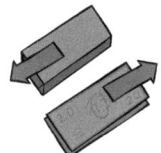

kaufen

købe

bezahlen

betale

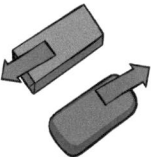

handeln

handle

Geld

penge

Dollar

dollar

Euro

euro

Yen

yen

Rubel

rubel

Franken

schweizerfranc

Renminbi Yuan

renminbi yuan

Rupie

rupee

Geldautomat

hæveautomat

Wechselstube

vekselkontor

Gold

guld

Silber

sølv

Öl

olie

Energie

energi

Preis

pris

Vertrag

kontrakt

Steuer

skat

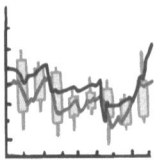

Aktie

aktie

arbeiten

arbejde

Angestellter

ansat

Arbeitgeber

arbejdsgiver

Fabrik

fabrik

Geschäft

butik

Berufe
erhverv

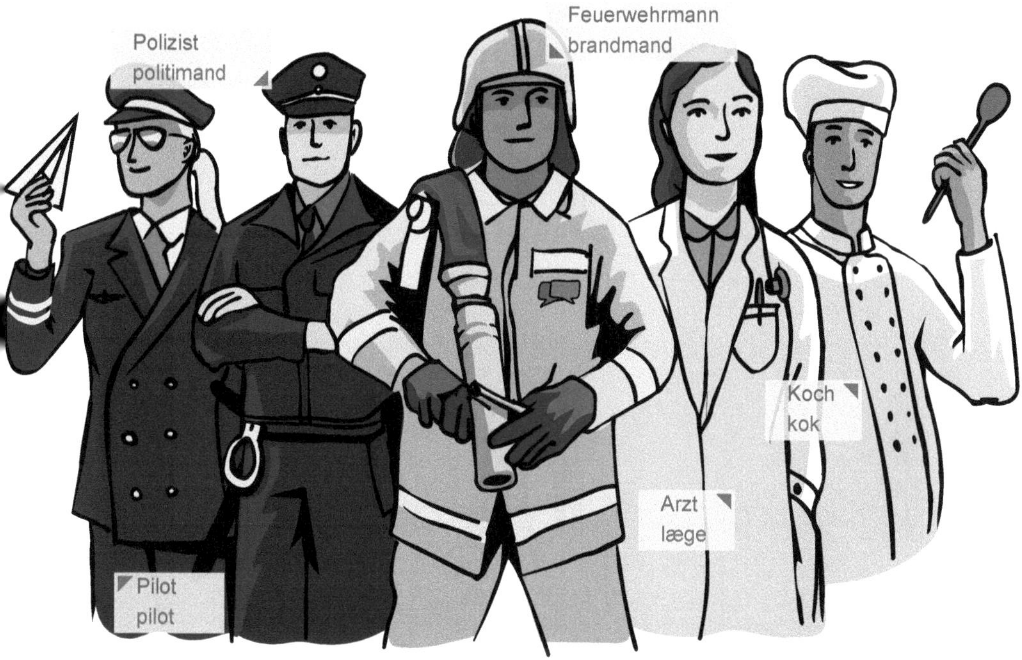

Polizist
politimand
Feuerwehrmann
brandmand
Koch
kok
Arzt
læge
Pilot
pilot

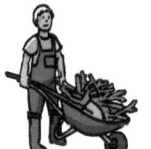

Gärtner

gartner

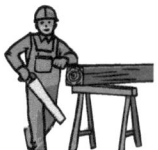

Tischler

tømrer

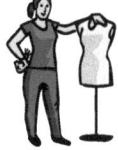

Näherin

syerske

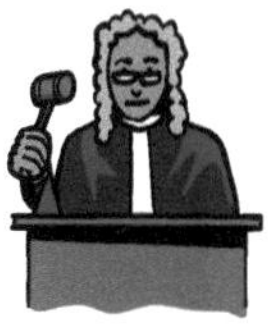

Richter

dommer

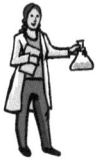

Chemiker

kemiker

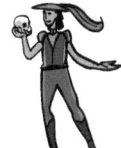

Schauspieler

skuespiller

Busfahrer

buschauffør

Taxifahrer

taxachauffør

Fischer

fisker

Putzfrau

rengøringskone

Dachdecker

tagdækker

Kellner

tjener

Jäger

jæger

Maler

maler

Bäcker

bager

Elektriker

elektriker

Bauarbeiter

bygningsarbejder

Ingenieur

ingeniør

Schlachter

slagter

Klempner

vvs-mand

Postbote

postbud

Soldat

soldat

Architekt

arkitekt

Kassierer

kasserer

Florist

blomsterhandler

Friseur

frisør

Schaffner

togfører

Mechaniker

mekaniker

Kapitän

kaptajn

Zahnarzt

tandlæge

Wissenschaftler

videnskabsmand

Rabbi

rabbiner

Imam

imam

Mönch

munk

Geistlicher

præst

Werkzeuge
værktøj

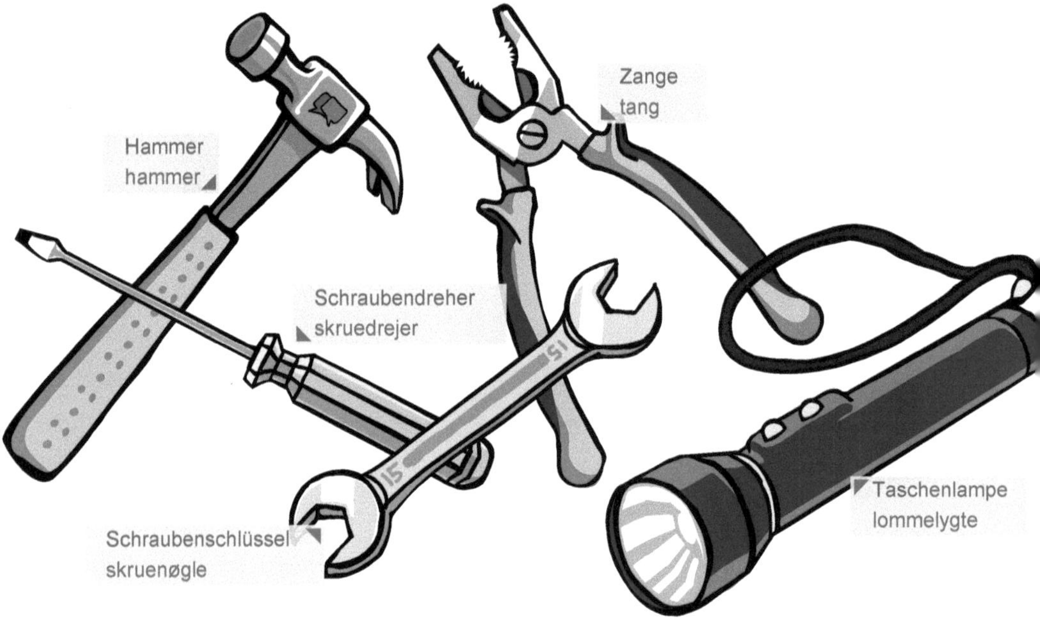
Zange
tang
Hammer
hammer
Schraubendreher
skruedrejer
Taschenlampe
lommelygte
Schraubenschlüssel
skruenøgle

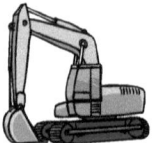

Bagger

gravemaskine

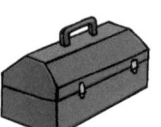

Werkzeugkasten

værktøjskasse

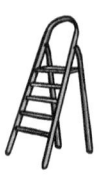

Leiter

stige

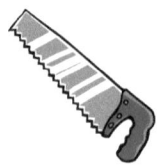

Säge

sav

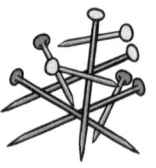

Nägel

søm

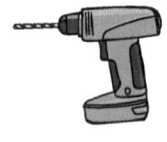

Bohrer

bor

reparieren

reparere

Schaufel

skovl

Mist!

Lort!

Kehrblech

fejebakke

Farbtopf

malerspand

Schrauben

skruer

Musikinstrumente
musikinstrumenter

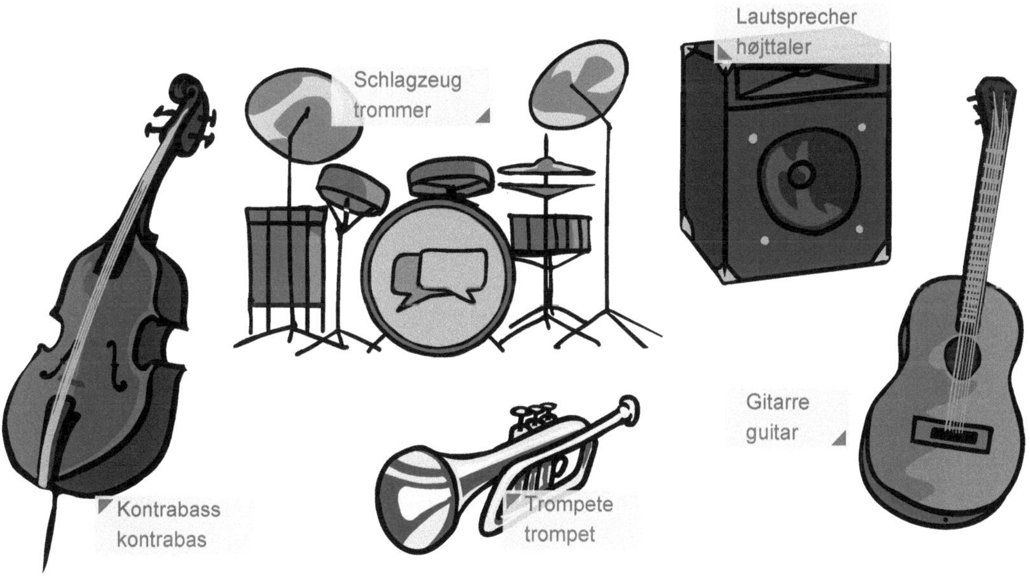

Schlagzeug
trommer

Lautsprecher
højttaler

Gitarre
guitar

Kontrabass
kontrabas

Trompete
trompet

Klavier

klaver

Violine

violin

Bass

bas

Pauke

pauke

Trommeln

tromme

Keyboard

keyboard

Saxophon

saxofon

Flöte

fløjte

Mikrofon

mikrofon

Zoo
zoo

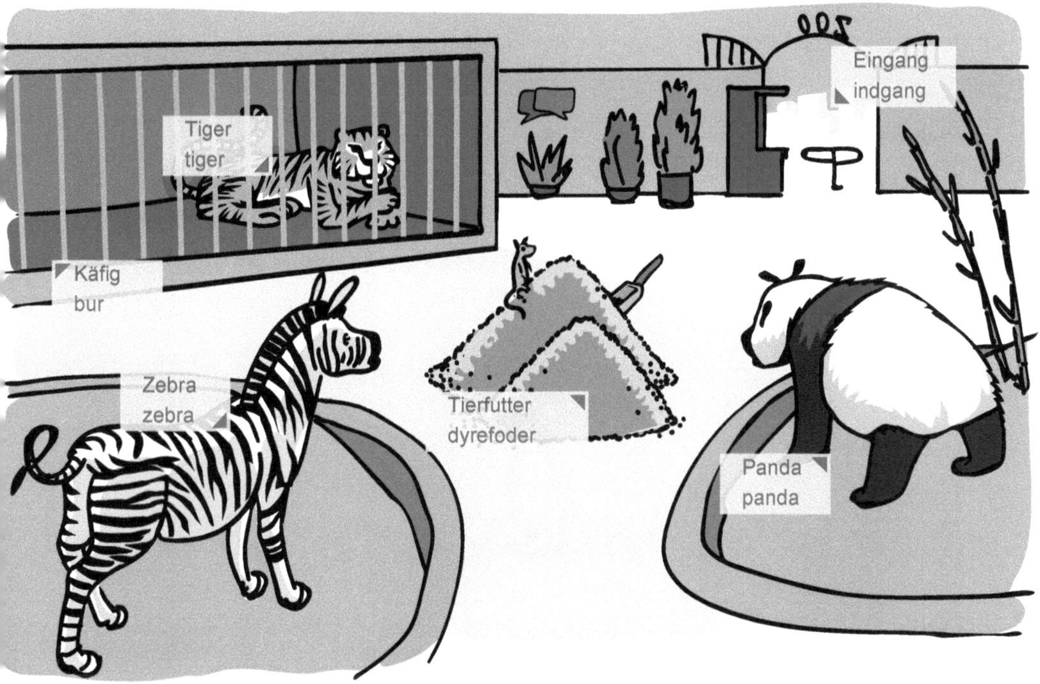

Tiger
tiger
Eingang
indgang
Käfig
bur
Zebra
zebra
Tierfutter
dyrefoder
Panda
panda

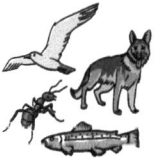

Tiere
dyr

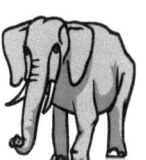

Elefant
elefant

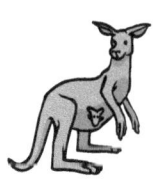

Känguru
kænguru

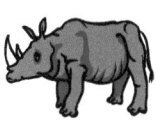

Nashorn
næsehorn

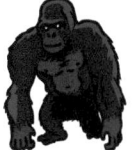

Gorilla
gorilla

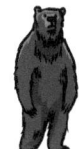

Bär
bjørn

Kamel

kamel

Strauß

struds

Löwe

løve

Affe

abe

Flamingo

flamingo

Papagei

papegøje

Eisbär

isbjørn

Pinguin

pingvin

Hai

haj

Pfau

påfugl

Schlange

slange

Krokodil

krokodille

Zoowärter

dyrepasser

Robbe

sæl

Jaguar

jaguar

Pony

pony

Leopard

leopard

Nilpferd

flodhest

Giraffe

giraf

Adler

ørn

Wildschwein

vildsvin

Fisch

fisk

Schildkröte

skildpadde

Walross

hvalros

Fuchs

ræv

Gazelle

gazelle

American Football
amerikansk football

Radfahren
cykling

Tennis
tennis

Basketball
basketball

Schwimmen
svømning

Boxen
boksning

Eishockey
ishockey

Fußball
fodbold

Badminton
badminton

Leichtathletik
atletik

Handball
håndbold

Skilaufen
skiløb

Polo
polo

Aktivitäten
aktiviteter

lachen
grine
springen
springe
umarmen
give et knus
gehen
gå
singen
synge
träumen
drømme
beten
bede
küssen
kysse

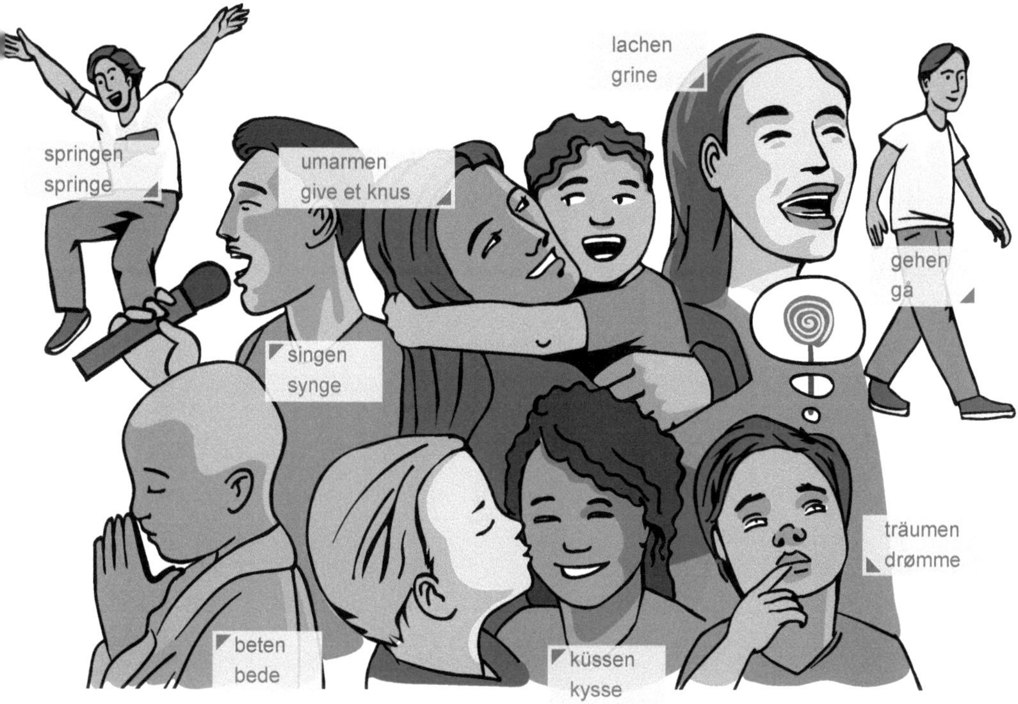

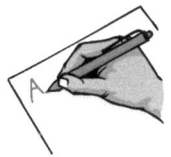

schreiben
skrive

zeichnen
tegne

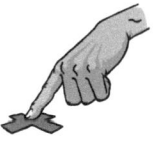

zeigen
vise

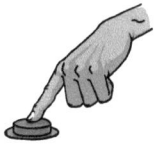

drücken
skubbe

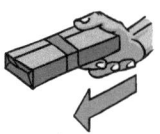

geben
give

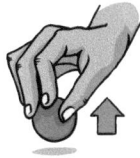

nehmen
tage

haben
have

tun
gøre

sein
være

stehen
stå

laufen
løbe

ziehen
trække

werfen
kaste

fallen
falde

liegen
ligge

warten
vente

tragen
bære

sitzen
sidde

anziehen
tage på

schlafen
sove

aufwachen
vågne

ansehen

se på

weinen

græde

streicheln

ae

kämmen

kæmme

reden

tale

verstehen

forstå

fragen

spørge

hören

høre

trinken

drikke

essen

spise

aufräumen

rydde op

licbcn

elske

kochen

koge

fahren

køre

fliegen

flyve

segeln

sejle

rechnen

regne

lesen

læse

lernen

lære

arbeiten

arbejde

heiraten

gifte sig med

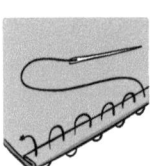

nähen

sy

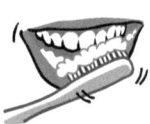

Zähne putzen

børste tænder

töten

dræbe

rauchen

ryge

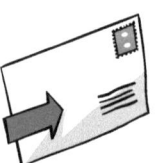

senden

sende

Familie
familie

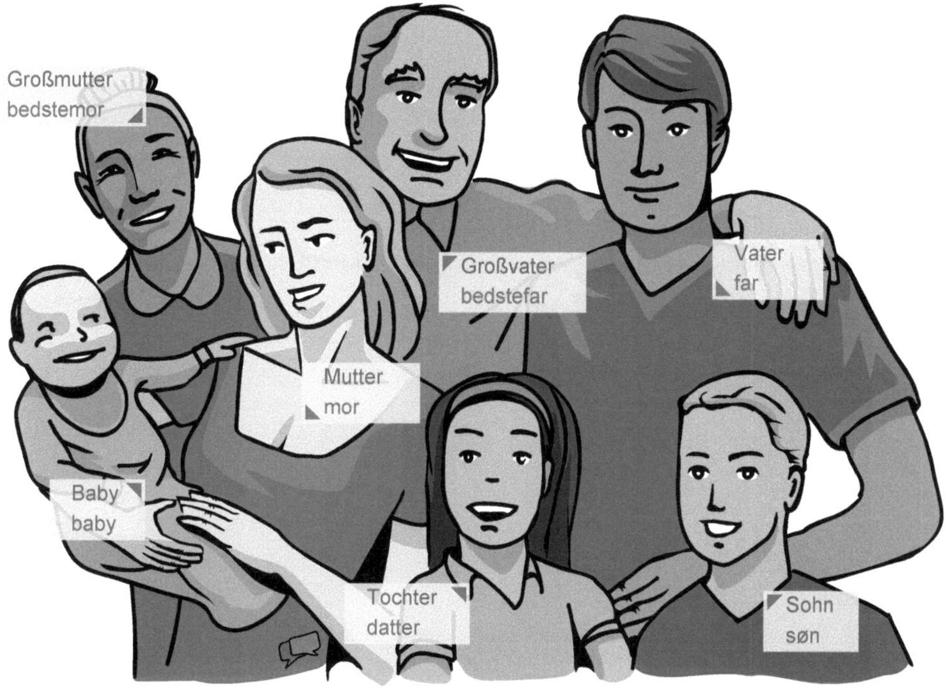

Großmutter
bedstemor
Großvater
bedstefar
Vater
far
Mutter
mor
Baby
baby
Tochter
datter
Sohn
søn

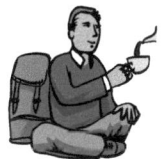

Gast
gæst

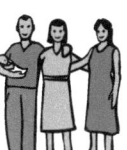

Tante
tante

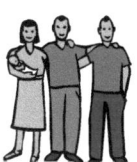

Onkel
onkel

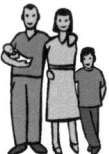

Bruder
bror

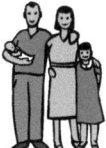

Schwester
søster

Körper

krop

Stirn
pande
Auge
øje
Schulter
skulder
Finger
finger
Gesicht
ansigt
Kinn
hage
Hand
hånd
Bein
ben
Brust
bryst
Arm
arm

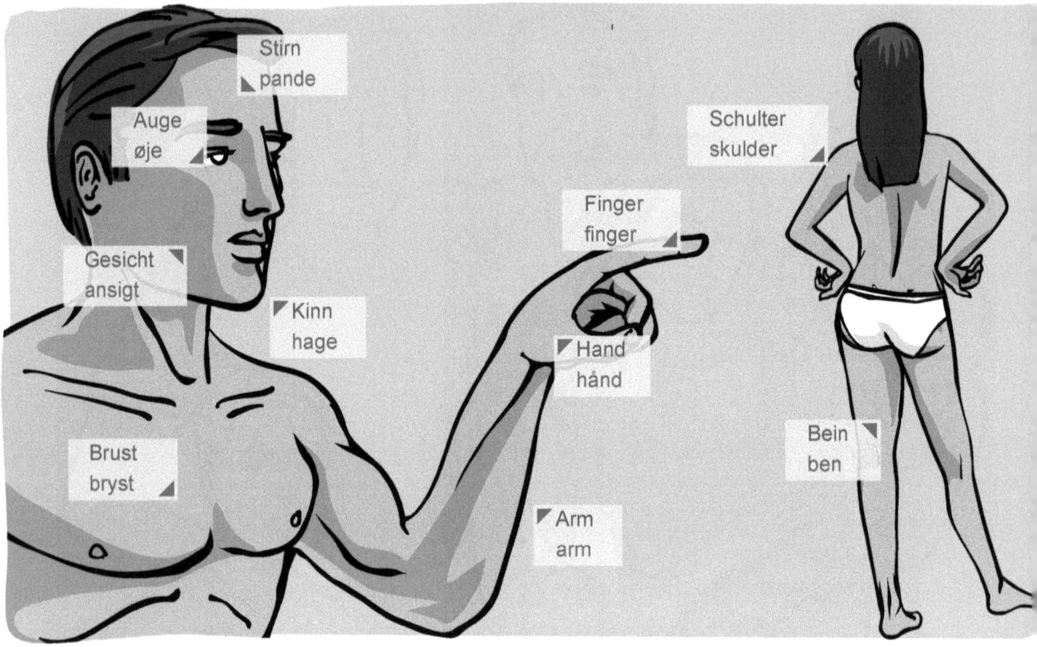

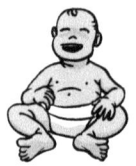

Baby
baby

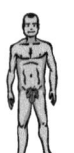

Mann
mand

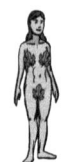

Frau
kvinde

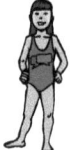

Mädchen
pige

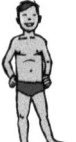

Junge
dreng

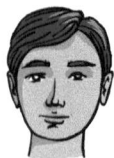

Kopf
hoved

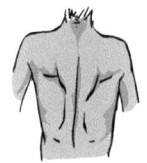

Rücken

ryg

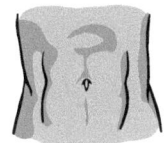

Bauch

mave

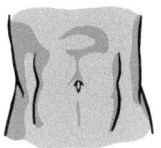

Nabel

navle

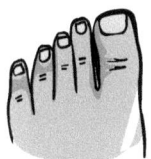

Zeh

tå

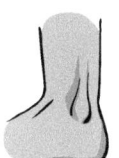

Ferse

hæl

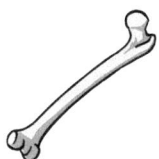

Knochen

knogle

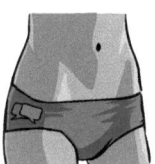

Hüfte

hofte

Knie

knæ

Ellenbogen

albue

Nase

næse

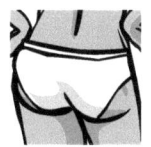

Gesäß

bagdel

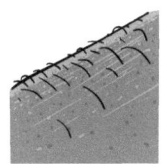

Haut

hud

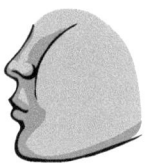

Wange

kind

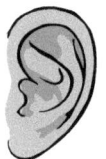

Ohr

øre

Lippe

læbe

Körper - krop

69

Mund

mund

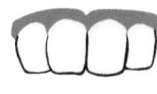

Zahn

tand

Zunge

tunge

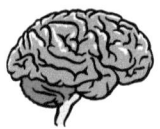

Gehirn

hjerne

Herz

hjerte

Muskel

muskel

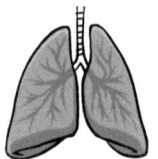

Lunge

lunge

Leber

lever

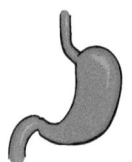

Magen

mavesæk

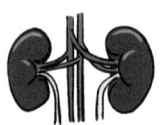

Nieren

nyrer

Geschlechtsverkehr

sex

Kondom

kondom

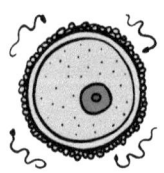

Eizelle

ægcelle

Sperma

sperm

Schwangerschaft

svangerskab

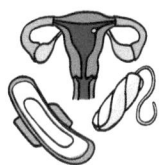

Menstruation

menstruation

Vagina

vagina

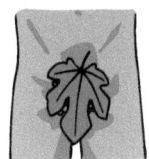

Penis

penis

Augenbraue

øjenbryn

Haar

hår

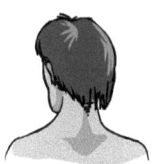

Hals

hals

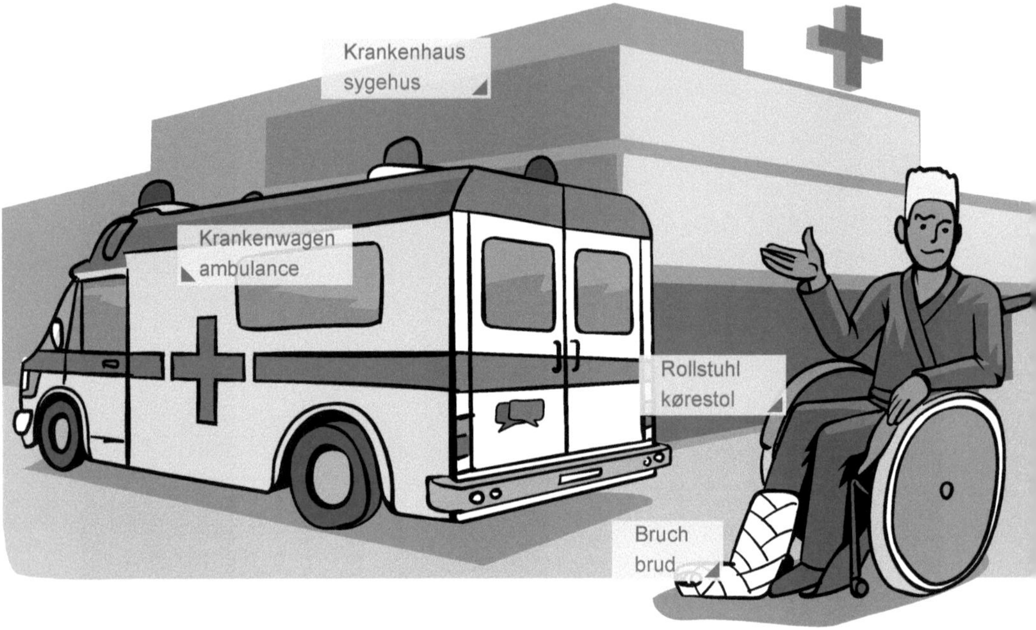

Krankenhaus
sygehus

Krankenhaus
sygehus
Krankenwagen
ambulance
Rollstuhl
kørestol
Bruch
brud

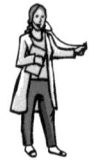

Arzt

lække

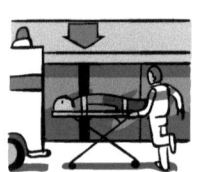

Notaufnahme

akutmodtagelse

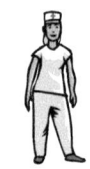

Krankenschwester

sygeplejerske

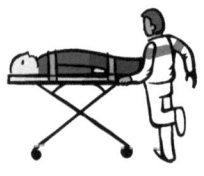

Notfall

nødstilfælde

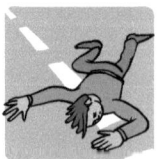

ohnmächtig

bevidstløs

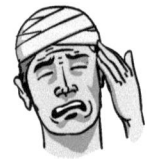

Schmerz

smerte

Verletzung

skade

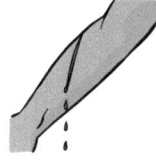

Blutung

blødning

Herzinfarkt

hjerteinfarkt

Schlaganfall

slagtilfælde

Allergie

allergi

Husten

hoste

Fieber

feber

Grippe

influenza

Durchfall

diarré

Kopfschmerzen

hovedpine

Krebs

kræft

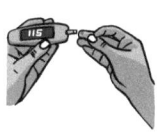

Diabetis

diabetes

Chirurg

kirurg

Skalpell

skalpel

Operation

operation

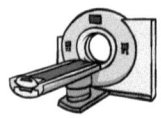

CT
CT

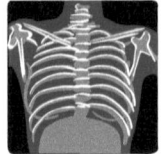

Röntgen
røntgen

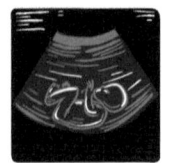

Ultraschall
ultralyd

Maske
maske

Krankheit
sygdom

Wartezimmer
venteværelse

Krücke
krykke

Pflaster
plaster

Verband
forbinding

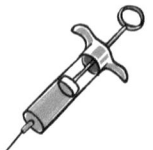

Injektion
injektion

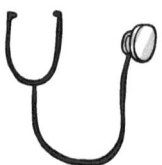

Stethoskop
stetoskop

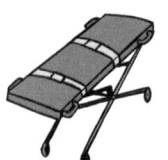

Trage
båre

Thermometer
termometer

Geburt
fødsel

Übergewicht
overvægt

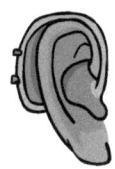

Hörgerät

høreapparat

Desinfektionsmittel

desinficerende middel

Infektion

infektion

Virus

virus

HIV / AIDS

HIV / AIDS

Medizin

medicin

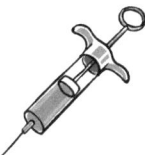

Impfung

vaccination

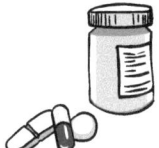

Tabletten

tabletter

Pille

pille

Notruf

nødopkald

Blutdruck-Messgerät

blodtryksmåler

krank / gesund

syg / rask

Hilfe!

Hjælp!

Alarm

alarm

Überfall

overfald

Angriff

angreb

Gefahr

fare

Notausgang

nødudgang

Feuer!

Det brænder!

Feuerlöscher

ildslukker

Unfall

uheld

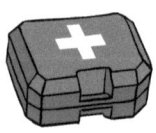

Erste-Hilfe-Koffer

førstehjælps-kuffert

SOS

SOS

Polizei

politi

Europa

Europa

Nordamerika

Nordamerika

Südamerika

Sydamerika

Afrika

Afrika

Asien

Asien

Australien

Australien

Atlantik

Atlanterhavet

Pazifik

Stillehavet

Indischer Ozean

Indiske Ocean

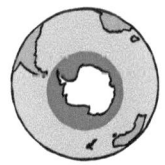

Antarktischer Ozean

Sydlige Ishav

Arktischer Ozean

Ishav

Nordpol

Nordpol

Südpol

Sydpol

Antarktis

Antarktis

Erde

Jorden

Land

land

Meer

hav

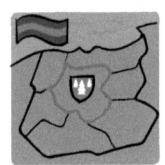

Insel

ø

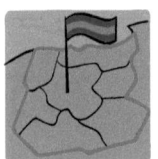

Nation

nation

Staat

stat

Zifferblatt

urskive

Stundenzeiger

timeviser

Minutenzeiger

minutviser

Sekundenzeiger

sekundviser

Wie spät ist es?

Hvad er klokken?

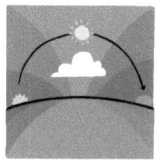

Tag

dag

Zeit

tid

jetzt

nu

Digitaluhr

digitalur

Minute

minut

Stunde

time

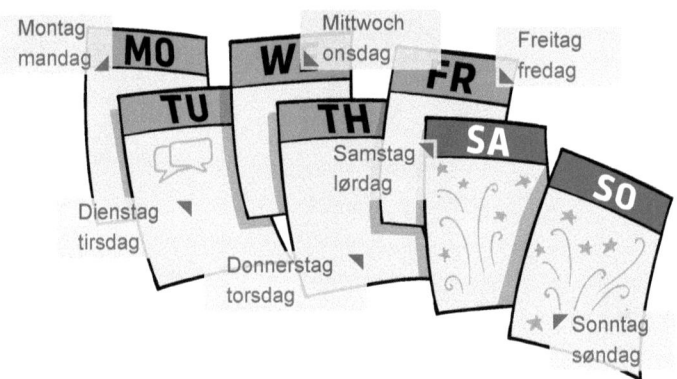

Montag
mandag

Mittwoch
onsdag

Freitag
fredag

Dienstag
tirsdag

Samstag
lørdag

Donnerstag
torsdag

Sonntag
søndag

gestern

i går

heute

i dag

morgen

i morgen

Morgen

morgen

Mittag

middag

Abend

aften

MO	TU	WE	TH	FR	SA	SU
1	2	3	4	5	6	7
8	9	10	11	12	13	14
15	16	17	18	19	20	21
22	23	24	25	26	27	28
29	30	31	1	2	3	4

Arbeitstage

arbejdsdage

MO	TU	WE	TH	FR	SA	SU
1	2	3	4	5	6	7
8	9	10	11	12	13	14
15	16	17	18	19	20	21
22	23	24	25	26	27	28
29	30	31	1	2	3	4

Wochenende

weekend

Jahr
år

Regen
regn
Regenbogen
regnbue
Wind
vind
Schnee
sne
Frühling
forår
Sommer
sommer
Herbst
efterår
Winter
vinter

4.APRIL 11°
5.APRIL 4°
6.APRIL 13°
7.APRIL 8°
8.APRIL 10°

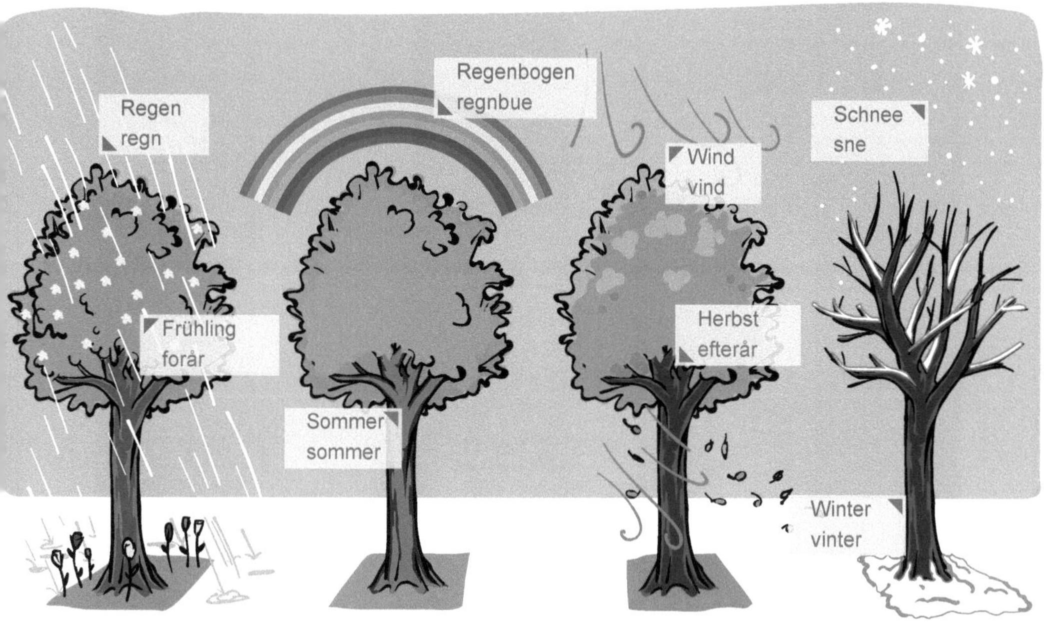

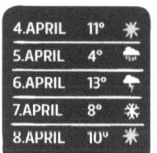

Wettervorhersage

vejrudsigt

F C
120 90 60 30 0 -30
40 30 20 10 0 -10 -20

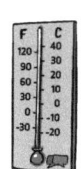

Thermometer

termometer

Sonnenschein

solskin

Wolke

sky

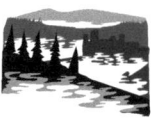

Nebel

tåge

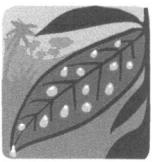

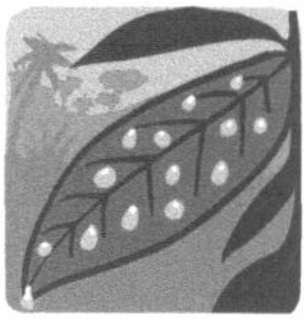

Luftfeuchtigkeit

luftfugtighed

Blitz

lyn

Donner

torden

Sturm

storm

Hagel

hagl

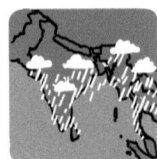

Monsun

monsun

Flut

flod

Eis

is

Januar

januar

Februar

februar

März

marts

April

april

Mai

maj

Juni

juni

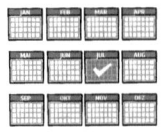

Juli

juli

August

august

September
....
september

Oktober
....
oktober

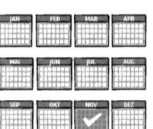

November
....
november

Dezember
....
december

Formen
former

Kreis
....
cirkel

Quadrat
....
kvadrat

Rechteck
....
firkant

Dreieck
....
trekant

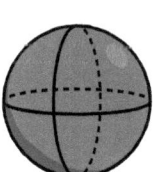

Kugel
....
kugle

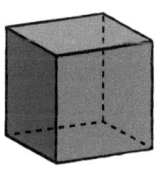

Würfel
....
terning

weiß

hvid

gelb

gul

orange

orange

pink

pink

rot

rød

lila

lilla

blau

blå

grün

grøn

braun

brun

grau

grå

schwarz

sort

viel / wenig

meget / lidt

wütend / friedlich

rasende / fredelig

hübsch / hässlich

smuk / grim

Anfang / Ende

begyndelse / slut

groß / klein

stor / lille

hell / dunkel

lys / mørk

Bruder / Schwester

bror / søster

sauber / schmutzig

ren / snavset

vollständig / unvollständig

fuldkommen / ufuldkommen

Tag / Nacht

dag / nat

tot / lebendig

død / levende

breit / schmal

bred / smal

genießbar / ungenießbar

spiselig / uspiselig

böse / freundlich

vred / venlig

aufgeregt / gelangweilt

ophidset / kedet

dick / dünn

tyk / tynd

zuerst / zuletzt

først / sidst

Freund / Feind

ven / fjende

voll / leer

fuld / tom

hart / weich

hård / blød

schwer / leicht

tung / let

Hunger / Durst

sult / tørst

krank / gesund

syg / rask

illegal / legal

illegal / legal

intelligent / dumm

intelligent / dum

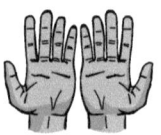

links / rechts

venstre / højre

nah / fern

nær / fjern

neu / gebraucht

ny / brugt

nichts / etwas

intet / noget

alt / jung

gammel / ung

an / aus

tændt / slukket

offen / geschlossen

åben / lukket

leise / laut

stille / højt

reich / arm

rig / fattig

richtig / falsch

rigtig / forkert

rau / glatt

ru / glat

traurig / glücklich

ked af det / lykkelig

kurz / lang

kort / lang

langsam / schnell

langsom / hurtig

nass / trocken

våd / tør

warm / kühl

varm / kold

Krieg / Frieden

krig / fred

0

null

nul

1

eins

en

2

zwei

to

3

drei

tre

4

vier

fire

5

fünf

fem

6

sechs

seks

7

sieben

syv

8

acht

otte

9

neun

ni

10

zehn

ti

11

elf

elleve

12

zwölf

tolv

13

dreizehn

tretten

14

vierzehn

fjorten

15

fünfzehn

femten

16

sechzehn

seksten

17

siebzehn

sytten

18

achtzehn

atten

19

neunzehn

nitten

20

zwanzig

tyve

100

hundert

hundrede

1.000

tausend

tusinde

1.000.000

million

million

Englisch

engelsk

Amerikanisches Englisch

amerikansk engelsk

Chinesisch Mandarin

kinesisk mandarin

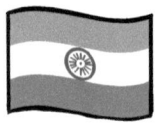

Hindi

hindi

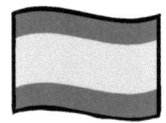

Spanisch

spansk

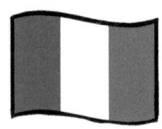

Französisch

fransk

Arabisch

arabisk

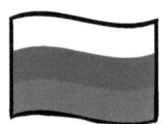

Russisch

russisk

Portugiesisch

portugisisk

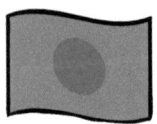

Bengalisch

bengalsk

Deutsch

tysk

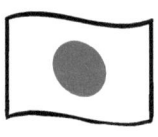

Japanisch

japansk

ich
jeg

du
du

er / sie / es
han / hun / den / det

wir
vi

ihr
I

sie
de

wer?
hvem?

was?
hvad?

wie?
hvordan?

wo?
hvor?

wann?
hvornår?

Name
navn

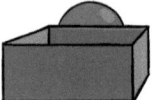

hinter

bag

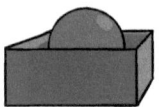

in

i

vor

foran

über

over

auf

på

unter

under

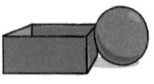

neben

ved siden af

zwischen

imellem

Ort

sted